AF355765

ORDONNANCE DU ROI,

Pour mettre la Légion Corſe ſur le pied des autres Légions françoiſes, ſous le nom de Légion du Dauphiné.

Du 26 Avril 1775.

DE PAR LE ROI.

SA MAJESTÉ ayant jugé à propos de mettre la Légion Corſe ſur le pied des autres Légions Fran-çoiſes, a ordonné & ordonne ce qui ſuit:

ARTICLE PREMIER.

CETTE Légion portera à l'avenir le nom de *Légion du Dauphiné*, & continuera d'être compoſée de dix-ſept compagnies, dont une de Grenadiers, huit de Fuſiliers, & huit de Dragons.

2.

L'INFANTERIE Corſe de ladite Légion étant deſtinée à être incorporée dans le régiment Royal-Corſe, pour en former le ſecond bataillon, le régiment d'Infanterie Irlandoiſe de Walsh ſera incorporé dans ladite Légion, pour en former à l'avenir l'Infanterie.

3.

LA compagnie de Grenadiers ſera commandée en tout temps par un Capitaine, un Lieutenant & un Sous-lieutenant; & compoſée d'un Fourrier, deux Sergens, quatre Caporaux, quatre Appointés, quarante Grenadiers & un Tambour.

Les quatre Caporaux, les quatre Appointés & les quarante Grenadiers feront diſtribués en quatre eſcouades de douze hommes chacune, dont un Caporal & un Appointé. La première & la troiſième de ces eſcouades formeront la première diviſion, à laquelle ſera attaché le premier Sergent. La ſeconde & la quatrième eſcouade formeront la ſeconde diviſion, à laquelle ſera attaché le ſecond Sergent. La première diviſion ſera ſubordonnée au Lieutenant, & la ſeconde au Sous-lieutenant: ces deux Officiers en rendront compte tous les jours au Capitaine, qui le rendra de même au Major, le Major au Colonel, en ſon abſence, au Colonel-commandant, & en l'abſence de celui-ci, au Lieutenant-colonel.

4.

CHACUNE des compagnies de Fuſiliers, ſera commandée en tout temps par un Capitaine, un Lieutenant & un Sous-lieutenant; & compofée, en temps de paix, d'un Fourrier, trois Sergens, fix Caporaux, fix Appointés, trente-fix Fufiliers, & deux Tambours, Fifres ou Clarinets; de manière que dans quatre compagnies il y ait un Tambour & un Clarinet ou Fifre, & dans les quatre autres, deux Tambours fans Clarinets ni Fifres; chaque compagnie divifée en fix efcouades de huit hommes chacune, dont un Caporal & un Appointé.

La première & la quatrième efcouade formeront une première fubdivifion, à laquelle fera attaché le premier Sergent. La feconde & la cinquième efcouade formeront la feconde fubdivifion, à laquelle fera attaché le fecond Sergent; & la troifième & la fixième efcouade formeront la troifième fubdivifion, à laquelle fera attaché le troifième Sergent. Ces différentes fubdivifions feront commandées par le Lieutenant & le Sous-lieutenant: ces deux Officiers en rendront compte au Capitaine, le Capitaine au Major, le Major au Colonel, en fon abfence, au Colonel-commandant, & en l'abfence de celui-ci, au Lieutenant-colonel.

L'intention de Sa Majefté étant d'ailleurs que les Aides-major rendent compte au Colonel-commandant & au Lieutenant-colonel, lorfque, le Colonel étant préfent, le compte ne leur fera pas rendu par le Major; Elle veut également, lorfque le Colonel-commandant commandera la Légion, que les Aides-major rendent compte au Lieutenant-colonel.

5.

CHACUNE defdites compagnies de Fufiliers fera com-

C 2

4

poſée, en temps de guerre, d'un Fourrier, quatre Sergens, huit Caporaux, huit Appointés, & deux Tambours, pour former huit eſcouades chacune, du nombre d'hommes que Sa Majeſté ſe réſerve de fixer ſuivant les circonſtances.

6.

CHACUNE des huit compagnies de Dragons ſera commandée, en tout temps, par un Capitaine, un Lieutenant, un Sous-lieutenant; & compoſée, en temps de paix, d'un Fourrier, un Maréchal-des-logis, deux Brigadiers, vingtquatre Dragons & un Tambour, formant vingt-neuf hommes, dont quinze, y compris le Fourrier, le Maréchal-deslogis, les Brigadiers & le Tambour feront montés, & quatorze feront à pied.

Les deux Brigadiers & les vingt-quatre Dragons, formeront deux eſcouades de treize hommes chacune, y compris un Brigadier, dont ſix montés & ſept à pied: ces deux eſcouades feront commandées par le Maréchal-deslogis, qui rendra compte tous les jours des détails qui les concerneront, au Sous-lieutenant, le Sous-lieutenant au Lieutenant, & ſucceſſivement, ainſi qu'il a été preſcrit pour la compagnie des Grenadiers & celles de Fuſiliers.

7.

L'ÉTAT-MAJOR de cette Légion ſera compoſé d'un Colonel, d'un Colonel-commandant, d'un LieutenantColonel, qui n'auront point de compagnie, d'un Major, d'un Aide-major d'Infanterie, d'un Aide-major de Dragons, d'un Sous-aide-major d'Infanterie, d'un Quartier-maître, d'un Maréchal-expert, d'un Aumônier & d'un Chirurgien.

Il ſera créé un Sous-aide-major de Dragons en temps de guerre ſeulement.

5

8.

CETTE Légion n'aura ni drapeau, ni guidon, ni timbales.

9.

SA MAJESTÉ se réserve, comme dans toutes ses autres Troupes, la nomination des charges de Lieutenant-colonel & de Major de cette Légion, & Elle choisira les sujets qui devront remplir ces places parmi les Lieutenans-colonels, Majors ou Capitaines de tous les corps de Troupes-légères indistinctement.

10.

L'INCONVÉNIENT qui résulte du commandement établi dans l'Infanterie par ancienneté de régiment, a déterminé Sa Majesté à l'abolir, & à régler que le commandement appartiendra à l'avenir, dans toute l'Infanterie, aux plus anciens Officiers, suivant la date de leurs lettres ou commissions; dans le cas seulement où deux ou plusieurs Officiers se trouveroient être de même date, alors celui du plus ancien régiment prendra le commandement.

11.

EN conséquence de cette nouvelle disposition, les Capitaines de Grenadiers ne pourront prétendre au commandement, à l'exclusion des Capitaines de Fusiliers, que lorsqu'ils se trouveront les plus anciens de date de commission de Capitaine.

12.

VEUT Sa Majesté qu'il en soit usé de même entre les Colonels, Colonels-commandans, Lieutenans-colonels,

Majors & Chefs de bataillons, qui ne pourront prétendre à l'avenir au commandement dans leurs grades respectifs, qu'en vertu de la date de leurs commissions, lettres ou brevets, & réclamer ledit commandement sur le rang de leurs régimens dans l'Infanterie, que dans le cas seulement où ils se trouveroient de même date.

13.

L'INTENTION de Sa Majesté est que les Fourriers, Sergens, Caporaux & Fusiliers, continuent à faire le service comme ci-devant, & à commander entr'eux suivant le rang du régiment dans lequel ils serviront, & sans avoir égard à leur ancienneté personnelle.

14.

SA MAJESTÉ n'entend rien changer à ce qui a été réglé précédemment par les Ordonnances concernant les Troupes-légères, sur le rang & l'autorité des différens grades des Officiers & bas Officiers, qui doit être suivi par la Légion du Dauphiné, en tout ce qui ne se trouvera pas contraire aux dispositions de la présente Ordonnance.

15.

LE choix des bas Officiers se fera de la manière que Sa Majesté l'a réglé par son Ordonnance du 26 avril 1775, concernant l'Infanterie Françoise, & conformément à ce qui a été prescrit précédemment pour les Dragons.

16.

IL sera donné à ce corps de Troupes-légères une paye de paix & une paye de guerre, ainsi qu'à toutes les autres Troupes; & en conséquence, Sa Majesté veut que les appointemens & solde soient payés sur le pied:

COMPAGNIES DE GRENADIERS.	EN TEMPS DE PAIX.			EN TEMPS DE GUERRE.		
	Par jour.	Par mois.	Par an.	Par jour.	Par mois.	Par an.
A chaque Capitaine, cinq livres onze fous un denier un tiers en temps de paix; & huit livres fix fous huit den. en temps de guerre, ci..	$5^l\ 11^f\ 1^{d}\tfrac{1}{3}$	$166^l\ 13^f\ 4^d$	2000^l	$8^l\ 6^f\ 8^d$	$250^l\ \prime\prime^f\ \prime\prime^d$	3000^l
A chaque Lieutenant, deux livres dix fous en temps de paix; & trois livres fix fous huit deniers en temps de guerre, ci......	2. 10. //	75. // //	900.	3. 6. 8	100. // //	1200.
A chaque Sous-lieutenant, une livre treize fous quatre deniers en temps de paix; & deux livres dix fous en temps de guerre, ci...	1.13. 4	50. // //	600.	2. 10. //	75. // //	900.
A chaque Fourrier, treize fous quatre deniers en temps de paix; & treize fous huit deniers en temps de guerre, ci..............	// 13. 4	20. // //	240.	// 13. 8	20. 10. //	246.
A chaque Sergent, douze fous quatre deniers en temps de paix; & douze fous huit den. en temps de guerre, ci..............	// 12. 4	18. 10. //	222.	// 12. 8	19. // //	228.
A chaque Caporal, huit fous huit deniers en temps de paix; & neuf fous en temps de guerre, ci.	// 8. 8	13. // //	156.	// 9. //	13. 10. //	162.
A chaque Appointé, fept fous huit deniers en temps de paix; & huit fous en temps de guerre, ci.	// 7. 8	11. 10. //	138.	// 8. //	12. // //	144.
A chaque Grenadier ou Tambour, fix fous huit deniers en temps de paix; & fept fous en temps de guerre, ci.........	//. 6. 8.	10. //. //	120.	//. 7. //	10. 10. //	126.
COMPAGNIES DE FUSILIERS.						
A chacun des premier & fecond Capitaines, cinq livres en temps de paix; & fept livres dix fous en temps de guerre, ci.........	5. // //	150. // //	1800.	7. 10. //	225. // //	2700.

	EN TEMPS DE PAIX.			EN TEMPS DE GUERRE		
	Par jour.	Par mois.	Par an.	Par jour.	Par mois.	Par an.
A chacun des troisième & quatrième Capitaines, quatre liv. onze sous huit deniers en temps de paix ; & sept livres un sou huit deniers en temps de guerre, ci........	4^l 11^s 8^d	137^l 10^s $\prime\prime^d$	1650^l	7^l 1^s 8^d	212^l 10^s $\prime\prime^d$	2550^l
A chacun des autres Capitaines, quatre livres trois sous quatre den. en temps de paix ; & six liv. treize sous quatre deniers en temps de guerre, ci...............	4. 3. 4	125. $\prime\prime$ $\prime\prime$	1500.	6. 13. 4	200. $\prime\prime$ $\prime\prime$	2400.
A chaque Lieutenant, une livre treize sous quatre deniers en temps de paix ; & deux liv. quinze sous six den. deux tiers en temps de guerre.	1. 13. 4	50. $\prime\prime$ $\prime\prime$	600.	2. 15. $6\frac{2}{3}$	83. 6. 8	1000.
A chaque Sous-lieutenant, une livre dix sous en temps de paix ; & deux livres quatre sous cinq den. un tiers en temps de guerre, ci..	1. 10. $\prime\prime$	45. $\prime\prime$ $\prime\prime$	540.	2. 4. $5\frac{1}{3}$	66. 13. 4	800.
A chaque Fourrier, douze sous quatre deniers en temps de paix ; & douze sous huit den. en temps de guerre, ci...............	$\prime\prime$ 12. 4	18.10. $\prime\prime$	222.	$\prime\prime$ 12. 8	19. $\prime\prime$ $\prime\prime$	228.
A chaque Sergent, onze sous quatre deniers en temps de paix ; & onze sous huit den. en temps de guerre, ci..............	$\prime\prime$ 11. 4	17. $\prime\prime$ $\prime\prime$	204.	$\prime\prime$ 11. 8	17.10. $\prime\prime$	210.
A chaque Caporal, sept sous huit deniers en temps de paix ; & huit sous en temps de guerre, ci.	$\prime\prime$ 7. 8	11.10. $\prime\prime$	138.	$\prime\prime$ 8. $\prime\prime$	12. $\prime\prime$ $\prime\prime$	144.
A chaque Appointé, six sous huit deniers en temps de paix ; & sept sous en temps de guerre, ci.	$\prime\prime$ 6. 8	10. $\prime\prime$ $\prime\prime$	120.	$\prime\prime$ 7. $\prime\prime$	10.10. $\prime\prime$	126.
A chaque Fusilier ou Tambour, cinq sous huit deniers en temps de paix ; & six sous en temps de guerre, ci................	$\prime\prime$ 5. 8	8.10. $\prime\prime$	102.	$\prime\prime$ 6. $\prime\prime$	9. $\prime\prime$ $\prime\prime$	108.

COMPAGNIES
DE DRAGONS.

A chaque premier Capitaine,

	EN TEMPS DE PAIX.			EN TEMPS DE GUERRE.		
	Par jour.	Par mois.	Par an.	Par jour.	Par mois.	Par an.
ix livres deux fous deux deniers eux tiers en temps de paix ; & nze livres deux fous deux den. eux tiers en temps de guerre, ci	6^l 2^f $2\frac{2}{3}^d$	186^l 6^f 8^d	2200^l	11^l 2^f $2\frac{2}{3}^d$	333^l 6^f 8^d	4000^l
A chaque fecond Capitaine, inq livres feize fous huit den. en emps de paix ; & dix livres feize ous huit den. en temps de guerre.	5. 16. 8	175. // //	2100.	10. 16. 8	325. // //	3900.
A chacun des autres Capitaines, inq livres en temps de paix ; & ix livres en temps de guerre, ci.	5. // //	150. // //	1800.	10. // //	300. // //	3600.
A chaque premier Lieutenant, eux livres quinze fous fix deniers eux tiers en temps de paix ; & ois livres fix fous huit deniers n temps de guerre, ci.......	2. 15. $6\frac{2}{3}$	83. 6. 8	1000.	3. 6. 8	100. // //	1200.
A chacun des autres Lieutenans, eux livres quatre fous cinq den. n tiers en temps de paix ; & deux vres quinze fous fix deniers deux ers en temps de guerre, ci....	2. 4. $5\frac{1}{3}$	66. 13. 4	800.	2. 15. $6\frac{2}{3}$	83. 6. 8	1000.
A chaque Sous-lieutenant, une vre fept fous neuf deniers un tiers n temps de paix ; & deux livres quatre fous cinq deniers un tiers n temps de guerre, ci.......	1. 7. $9\frac{1}{3}$	41. 13. 4	500.	2 4. $5\frac{1}{3}$	66. 13. 4	800.
A chaque Fourrier, treize fous n temps de paix ; & quinze fous n temps de guerre, ci......	// 13. //	19. 10. //	234.	// 15. //	18. // //	270.
A chaque Maréchal-des-logis, ouze fous en temps de paix ; & qua- orze fous en temps de guerre, ci.	// 12. //	18. // //	216.	// 14. //	21. // //	252.
A chaque Brigadier, fept fous ix deniers en temps de paix ; & euf fous fix deniers en temps de uerre, ci..............	// 7. 6	11. 5. //	135.	// 9. 6	14. 5. //	171.
A chaque Dragon ou Tambour, ix fous fix deniers en temps de aix ; & huit fous fix deniers en emps de guerre, ci........	// 6. 6	9. 15. //	117.	// 8. 6	12. 15. //	153.

	EN TEMPS DE PAIX.			EN TEMPS DE GUERRE.		
ÉTAT-MAJOR.	Par jour.	Par mois.	Par an.	Par jour.	Par mois.	Par an.
Au Colonel, trente-trois livres six ſous huit deniers en tout temps, ci..	33 l. 6 ſ. 8 d.	1000 l. // ſ. // d.	12000 l.	33 l. 6 ſ. 8 d.	1000 l. // ſ. // d.	12000 l.
Au Colonel-commandant, dix livres en temps de paix ; & quinze livres en temps de guerre, ci...	10. // //	300. // //	3600.	15. // //	450. // //	5400.
Au Lieutenant-colonel, neuf livres quatorze ſous cinq deniers un tiers en temps de paix ; & quinze livres en temps de guerre, ci..	9. 14. 5$\frac{1}{3}$	291. 13. 4	3500.	15. // //	450. // *	5400.
Au Major, huit livres en temps de paix ; & onze livres deux ſous deux deniers deux tiers en temps de guerre, ci.............	8. // //	240. // //	2880.	11. 2. 2$\frac{2}{3}$	333. 6. 8	4000.
A l'Aide-major d'Infanterie, avec commiſſion de Capitaine, quatre livres trois ſous quatre deniers en temps de paix ; & ſix livres treize ſous quatre deniers en temps de guerre, ci........	4. 3. 4	125. // //	1500.	6. 13. 4	200. // //	2400.
A l'Aide-major d'Infanterie, ſans commiſſion de Capitaine, deux livres dix ſous en temps de paix ; & cinq livres en temps de guerre, ci...............	2. 10. //	75. // //	900.	5. // //	150. // //	1800.
A l'Aide-major de Dragons, avec commiſſion de Capitaine, cinq livres en temps de paix ; & huit livres ſix ſous huit deniers en temps de guerre, ci........	5. // //	150. // //	1800.	8. 6. 8	250. // //	3000.
A l'Aide-major de Dragons, ſans commiſſion de Capitaine, quatre livres trois ſous quatre deniers en temps de paix ; & cinq livres onze ſous un denier un tiers en temps de guerre, ci......	4. 3. 4	125. // //	1500.	5. 11. 1$\frac{1}{3}$	166. 13. 4	2000.
Au Sous-aide-major d'Infanterie, une livre treize ſous quatre deniers en temps de paix ; & trois livres ſix ſous huit deniers en temps de guerre, ci....................	1. 13. 4	50. // //	600.	3. 6. 8	100. // //	1200.

	EN TEMPS DE PAIX.			EN TEMPS DE GUERRE.		
	Par jour.	Par mois.	Par an.	Par jour.	Par mois.	Par an.
Au Sous-aide-major de Dra- ns, trois livres six sous huit iers en temps de guerre, ci..	....	....	....	3^l 6^f 8^d	100^l u^f u^d	1200^l
A l'Officier chargé de la Caiffe, livre treize fous quatre deniers tout temps, ci...........	1^l 13^f 4^d	50^l u^f u^d	600^l	1.13.4	50. u u	600.
Au Quartier-maître, une livre fous en temps de paix ; & deux es quatre fous cinq deniers un s en temps de guerre, ci....	1.10. u	45. u u	540.	2. 4. $5\frac{1}{3}$	66.13.4	800.
Au Maréchal-expert, feize fous deniers en temps de paix ; & -huit fous huit deniers en temps guerre, ci..............	u 16. 8	25. u u	300.	u 18. 8	28. u u	336.
A l'Aumônier, une livre treize s quatre deniers en temps de x ; & deux livres cinq fous fix iers deux tiers en temps de erre, ci..............	1.13. 4	50. u u	600.	2. 5. $6\frac{2}{3}$	68. 6. 8	820.
Au Chirurgien, une livre fept s neuf deniers un tiers en temps paix ; & deux livres en temps guerre, ci..............	1. 7. $9\frac{1}{3}$	41.13.4	500.	2. u u	60. u u	720.

La paye de guerre ne fera donnée que lorfque ledit corps fervira en campagne, & fur les ordres particuliers que Sa Majefté en donnera : il ne jouira, en attendant, que de la paye de paix, ainfi qu'elle eft réglée ci-deffus.

Sa Majefté a bien voulu conferver au Colonel actuel de ladite Légion le traitement qui lui a été réglé ; mais fon intention eft que, lorfque ladite Légion viendra à vaquer, par quelque caufe que ce foit, le traitement du Colonel qui y fera nommé foit réglé fur le pied de quatre mille cinq cents livres par an, en temps de paix, &

de six mille livres aussi par an, lorsque ladite Légion servira à l'armée.

17.

L'INTENTION de Sa Majesté est que, comme il a été réglé précédemment, les Aides-major d'Infanterie qui auront la commission de Capitaine, concourent, d'après la date de ladite commission, avec les autres Capitaines, pour jouir du supplément d'appointemens qui est accordé aux Capitaines de la première & de la seconde classe, dont ils feront nombre.

18.

LA retenue pour l'entretien du linge & chaussure, continuera d'avoir-lieu, conformément à ce qui est réglé par l'article 15 de l'Ordonnance du 10 août 1769.

19.

VEUT au surplus Sa Majesté que les dispositions qui ont été faites par ladite Ordonnance du 10 août 1769, pour les différentes Masses de l'habillement, des recrues, des remontes, des six livres pour chaque homme d'Infanterie, & des vingt-sept livres pour chaque Dragon par an, destinées aux réparations journalières, aient leur entière exécution.

L'intention de Sa Majesté étant que, sur les deux dernières Masses, il soit payé par jour à chaque Tambour de Grenadiers, Fusiliers & Dragons, une haute-paye de deux sous, au moyen de laquelle ils seront tenus d'entretenir leur caisse de peaux & de cordages, & de se fournir de baguettes.

20.

POUR parvenir à la nouvelle composition prescrite par

la préſente Ordonnance pour ladite Légion, l'Inſpecteur qui ſera chargé de ſon exécution, fera mettre cette Légion & le régiment d'Infanterie Irlandoiſe de Walsh ſous les armes, après avoir pris les ordres du Gouverneur ou Commandant de la province ou place où ils ſe trouveront, & en préſence du Commiſſaire des guerres qui en aura la police.

2 1.

L'INSPECTEUR fera une revue exacte de chacun deſdits corps, par laquelle il conſtatera le nombre d'Officiers, bas Officiers, Dragons & Soldats dont ils ſe trouveront compoſés, & le Commiſſaire des guerres fera auſſi la ſienne pour ſervir au payement de chacun de ces corps juſqu'au jour de la nouvelle compoſition excluſivement.

Il ſéparera enſuite les bas Officiers, Grenadiers & Soldats du régiment de Walsh qui ſe trouveront Irlandois, Anglois ou Écoſſois, leſquels ſeront envoyés, ſur une route qui ſera expédiée à cet effet, aux deux régimens Irlandois que Sa Majeſté conſerve pour y continuer leurs ſervices; les ſujets de Sa Majeſté qui ſe trouveront dans leſdits deux régimens devant être envoyés également dans la Légion du Dauphiné.

L'intention de Sa Majeſté eſt que les huit Sous-lieutenans dudit régiment de Walsh qui préféreront de continuer leurs ſervices dans les régimens d'Infanterie Irlandoiſe qu'Elle conſerve, ſoient nommés aux Sous-lieutenances qui viendront à vaquer dans leſdits deux régimens, par préférence aux Sous-lieutenans ſurnuméraires qui y ſont actuellement attachés: Voulant bien au ſurplus Sa Majeſté, que les Sous-lieutenans ſurnuméraires dudit régiment de

Walsh reftent attachés à la fuite des deux régimens d'Infanterie Irlandoife confervés.

22.

L'INSPECTEUR ordonnera, de la part de Sa Majefté, aux Colonel, Lieutenant-colonel, Major & Chef de bataillon du régiment d'Infanterie Irlandoife de Walsh, qui doit être incorporé dans la Légion du Dauphiné, pour en former à l'avenir l'Infanterie, de quitter le commandement dudit régiment. Il complettera les compagnies de Grenadiers & Fufiliers fur le pied réglé par la préfente Ordonnance.

Le Quartier-maître de la Légion devant être confervé, l'intention de Sa Majefté eft que le Quartier-maître du régiment de Walsh foit entretenu à la fuite de ladite Légion en qualité de Lieutenant; qu'il jouiffe du traitement qui lui eft attribué, & qu'il foit remplacé à la première Lieutenance d'Infanterie qui viendra à vaquer: Elle veut auffi que le Sous-lieutenant chargé du dépôt des recrues foit confervé à la fuite de ladite Légion avec le traitement dont il jouit, & qu'il foit remplacé à une Sous-lieutenance, de préférence aux Sous-lieutenans furnuméraires.

Le Tambour-major dudit régiment de Walsh fera également confervé en qualité de Sergent d'Infanterie furnuméraire, jufqu'à ce qu'il puiffe être remplacé, & continuera de jouir de la folde réglée pour fon grade.

A l'égard de l'Aumônier & du Chirurgien dudit régiment incorporé, qui fe trouveront fans emplois, Sa Majefté veut qu'ils foient, par préférence à tous autres, remplacés dans les régimens qui feront dédoublés.

L'Infpecteur réunira les différentes Maffes des deux corps, & en dreffera un état détaillé.

23.

IL procédera ensuite à faire dreffer un contrôle de tous les Officiers qui compoferont ladite Légion, contenant leurs noms, furnoms, les dates & les lieux de leur naiffance, le détail de leurs fervices, l'époque de leurs différens grades, enfin tous les détails qui pourront faire connoître leurs fervices, leurs mœurs & leurs talens.

24.

APRÈS que ces différentes opérations feront terminées, l'Infpecteur fera dreffer le contrôle par compagnie, des hommes qui compoferont ladite Légion, contenant leurs noms, furnoms, fignalement, le lieu & la date de leur naiffance, leur grade, l'époque de leur engagement, & il adreffera le double de ce contrôle au Secrétaire d'État ayant le département de la guerre.

25.

L'INTENTION de Sa Majefté étant que les Officiers, bas Officiers, Grenadiers, Dragons & Soldats qui compoferont par la fuite la Légion du Dauphiné, foient François; Elle défend aux Officiers de ladite Légion d'y recevoir à l'avenir aucun Étranger: Enjoignant au Commiffaire des guerres qui par la fuite aura la police de ce corps, de faire délivrer fur le champ le congé abfolu à ceux qui fe trouveront dans le cas expliqué ci-deffus.

26.

LES bas Officiers, Grenadiers, Dragons ou Soldats étrangers qui ne voudront pas continuer leurs fervices dans ladite Légion, & qui auront obtenu leurs congés abfolus après avoir fini le terme de leurs engagemens ou rengagemens, pourront se rengager dans un régiment étranger, à leur choix; & Sa Majesté veut qu'ils soient susceptibles des avantages accordés à l'ancienneté de service par l'Ordonnance du 16 avril 1771, aux mêmes époques que s'ils n'avoient pas changé de régiment, pourvu toutefois qu'ils n'excèdent pas le terme de six mois entre la date de l'expédition de leurs congés absolus & celle du nouvel engagement qu'ils contracteront.

27.

EN conséquence des dispositions ci-dessus, Sa Majesté a réglé que les emplois de Sous-lieutenans qui viendront à vaquer par la suite dans ladite Légion du Dauphiné, ne pourront être remplis que par des François: enjoignant Sa Majesté au Colonel de ladite Légion de n'en point proposer d'autres.

Veut bien au surplus Sa Majesté conserver aux Officiers du régiment de Walsh, qui seront incorporés dans cette Légion, les traitemens dont ils jouissent actuellement; & Elle donnera ses ordres pour faire expédier par des Ordonnances particulières, le supplément au traitement réglé pour ladite Légion, sans que ceux qui les remplaceront puissent y prétendre.

Sa Majesté se réserve au surplus d'accorder des emplois supérieurs dans ses régimens Irlandois ou Étrangers, à ceux desdits Officiers qu'Elle en jugera susceptibles, par la distinction de leurs services.

28.

SA MAJESTÉ fera connoître ses intentions sur l'uniforme de la Légion du Dauphiné, par un Règlement particulier.

29.

IL sera dressé par le Commissaire des guerres qui sera présent à l'exécution de la présente Ordonnance, un procès-verbal de la nouvelle composition de ladite Légion qui y est prescrite : Voulant Sa Majesté que la solde & les différens traitemens réglés aient lieu à commencer du jour & de la date dudit procès-verbal, dont il sera remis un double signé dudit Commissaire des guerres, au Trésorier; voulant aussi Sa Majesté qu'il en soit envoyé un double au Secrétaire d'État ayant le département de la guerre.

30.

SA MAJESTÉ connoissant l'utilité dont les Chirurgiens sont aux Corps où ils servent, & voulant les y attacher de plus en plus, en leur assurant un sort lorsque leur âge ou leurs infirmités les mettront hors d'état de servir, a bien voulu régler que tout Chirurgien qui aura servi dans un ou plusieurs régimens l'espace de vingt-quatre ans révolus, & qui ne pourra plus continuer ses services, obtiendra, sur le compte qui en sera rendu par l'Inspecteur au Secrétaire d'État ayant le département de la guerre, une pension de retraite de quatre cents livres, qui lui sera assignée sur l'Extraordinaire des guerres, & que ladite pension de retraite sera portée à six cents livres, s'il a continué ses services pendant trente ans sans interruption.

31.

VOULANT au surplus Sa Majesté que les Ordonnances & Règlemens précédemment rendus, soient exécutés en tout ce qui ne sera pas contraire à la présente,

MANDE & ordonne Sa Majesté aux Officiers généraux ayant commandement fur fes Troupes, aux Gouverneurs & Lieutenans généraux dans fes provinces, aux Gouverneurs & Lieutenans généraux de fes villes & places, aux Infpecteurs de fes Troupes-légères, aux Intendans dans fes provinces, aux Commiffaires des guerres, & à tous autres fes Officiers qu'il appartiendra, de tenir la main à l'exécution de la préfente.

FAIT à Verfailles le vingt-fix Avril mil fept cent foixante-quinze. *Signé* LOUIS. *Et plus bas*, LE MARÉCHAL DE FELIX DU MUY.

A PARIS,
DE L'IMPRIMERIE ROYALE.

M. DCCLXXV.